I0220703
www.ingramcontent.com/pod-product-compliance
Lightning Source LLC
Chambersburg PA
CBHW042014080426
42735CB00002B/55
9789655504460

כתבה וציירה **דּוֹרִית רָז (אפלבאום)**

דְּרָקוֹן חֲסַר בִּטָּחוֹן

סִפּוּרִים - שִׁירִים מְרַפְּאִים

דּוֹרִית רָז (אפלבאום)

דְּרָקוֹן חֲסַר בִּטָּחוֹן

סִפּוּרִים - שִׁירִים מְרַפְּאִים

עורכים ראשיים: קונטנטו - הוצאה לאור בינלאומית

עורכת ספרותית: ורד לוי-ברזילי

עריכה לשונית וניקוד: גלית גינסברג-גולדרייך

עיצוב פנים ועטיפה: ליליה לב ארי

איסרליש 22 תל אביב 6701457

www.ContentoNow.co.il

מסת"ב: 978-965-550-446-0

דאנאקוד: 488-205

נדפס בישראל תשע"ה 2015

Printed in Israel

כתבה וציירה דּוֹרִית רָז (אפלבאום)

דְּרָקוֹן חֲסַר בִּטָּחוֹן

סִפּוּרִים - שִׁירִים מְרַפְּאִים

CONTENTONOW

לשלושת ילדיי האהובים

תוכן עניינים

"אי"-ודאות

אֵי-שָׁם
בְּלֵב יָם,
בְּאֶרֶץ רְחוֹקָה
יֶשְׁנוֹ אִי קָטָן רָגוּעַ וּמוּגָן.
גִּבְעָה רַכָּה לְלֹא קוֹצִים
עֲטוּפַת יֶרֶק וּפְרָחִים
מַשְׁקִיפָה לַיָּם מֻקֶּפֶת עֵצִים.
בְּכָל בֹּקֶר שֶׁמֶשׁ נְעִימָה זוֹרַחַת
וּבְכָל עֶרֶב שׁוֹקַעַת, מַרְהִיבָה, בְּנַחַת -
אִי שֶׁל וַדָּאוּת.

וּבְחוֹף הַיָּם
לֹא הַרְחֵק מִשָּׁם -
עִיר גְּדוֹלָה הוֹמָה וּמִשְׁתַּנָּה
רוֹחֶשֶׁת וּמִתְרַחֶשֶׁת
עִיר שֶׁל אִי-וַדָּאוּת.

בַּיָּם הָרָחוֹק
שָׁטָה לְאִטָּהּ מַעְבֹּרֶת
מֵעִיר אִי-הַוַּדָּאוּת
לְעֵבֶר אִי שֶׁכֻּלּוֹ וַדָּאוּת;

לָשֶׁבֶת שָׁם,
לְהִתְבּוֹנֵן בַּיָּם,
הָלוֹךְ וְחָזוֹר - קָבוּעַ
בְּקֶצֶב הַחַיִּים - רָגוּעַ,
אִי-וַדָּאוּת.

אופטיקה

אֲנִי מִסְתַּכֶּלֶת עַל הָעוֹלָם
וְרוֹאָה אוֹתוֹ
דֶּרֶךְ הַמִּשְׁקָפַיִם שֶׁל אִמָּא,
דֶּרֶךְ הַמִּשְׁקָפַיִם שֶׁל אַבָּא,
זֶה לֹא אוֹתוֹ עוֹלָם.

מַרְכִּיבָה מִשְׁקְפֵי שִׁיק מֵחֲנוּת יְקָרָה
מְצַפָּה לִרְאוֹת עוֹלָם יָקָר...
וּבַמִּשְׁקָפַיִם שֶׁקָּנִיתִי בַּשּׁוּק בְּשֶׁקֶל וַעֲשָׂרָה
רוֹאָה מְטֻשְׁטָשׁ בְּעִקָּר.
זֶה טוֹב, זֶה רַע, זֶה מְפַסְפֵס אֶת הַמַּטָּרָה?

בּוֹחֶנֶת אֶת הָעוֹלָם עִם מִשְׁקָפַיִם שְׁחֹרִים
מִתְפַּעֶלֶת מֵהָעוֹלָם דֶּרֶךְ מִשְׁקָפַיִם וְרֻדִּים
הֶבְדֵּל שֶׁל שָׁמַיִם וָאָרֶץ -
אֶרֶץ קָשָׁה, שָׁמַיִם רַכִּים.

אוּלַי פָּשׁוּט אַרְכִּיב לִי מִשְׁקָפַיִם צְלוּלִים?
הֵם יִקְשְׁרוּ לִי
שָׁמַיִם וָאָרֶץ, יָם וְהָרִים,
עָצוּב וְשָׂמֵחַ וְעוֹד וָעוֹד...
שָׁחֹר וְלָבָן וְוָרֹד.

אות הגבורה לְשמחה המפוחדת

שִׂמְחָה הִתְחַבְּאָה
עָמֹק-עָמֹק בְּתַחְתִּית הַבּוֹר,
סָגְרָה אוֹתוֹ כְּדֵי לֹא לִרְאוֹת אֶת הָאוֹר.
פָּחֲדָה לָצֵאת -
אוּלַי יִהְיֶה כּוֹאֵב,
אוּלַי עָצוּב
אוּלַי מְאַכְזֵב.

אֶל הַבּוֹר הִיא רְגִילָה,
אָמְנָם קְצָת חָשׁוּךְ וְקַר
אֲבָל יָדוּעַ, מוּגָן וּמֻכָּר.

וּבֹקֶר בָּהִיר חָשׁוּךְ אֶחָד
חָשְׁבָה לְעַצְמָהּ:
שְׁמִי הוּא שִׂמְחָה
וְאֵיךְ יִתָּכֵן
שֶׁיָּמַי פֹּה חוֹלְפִים
בְּלִי הִתְלַהֲבוּת וְצִחְקוּק,
בְּלִי הִתְרַגְּשׁוּת וְחִבּוּק?

הִנֵּה אֶסְתַּכֵּן.
הִצְטַיְּדָה בְּמִשְׁקְפֵי שֶׁמֶשׁ,
מַיִם וְאֵפוֹד מָגֵן
הֲלוֹא דֵּי מְסֻכָּן בַּחוּץ
וְצָרִיךְ לְהִתְכּוֹנֵן...

טִפְּסָה מַעְלָה,
פָּתְחָה אֶת הַבּוֹר
אַט-אַט כְּדֵי לֹא לְהִסְתַּנְוֵר
מֵהָאוֹר.
בְּהִתְרַגְּשׁוּת וּפַחַד
יָצְאָה הַחוּצָה
וְ...

לְהַפְתָּעָתָהּ,
רָאֲתָה
שֶׁ... דֵּי בְּסֵדֶר,
הַשֵּׁד מַמָּשׁ לֹא נוֹרָא.
הָאוֹר נָעִים,
הָאֲוִיר חָמִים,
פָּגְשָׁה כַּמָּה חִיּוּכִים
הִיא כְּבָר לֹא לְבַד -
לִפְעָמִים אֲפִלּוּ נֶחְמָד.

אז יגידו

\- מָה יַגִּידוּ?

• מִי?

\- **הֵם**

• מִי זֶה **הֵם**?

\- הַהוֹרִים, הַמּוֹרִים, הַדּוֹדִים, הַשְּׁכֵנִים, הַחֲבֵרִים וּבִכְלָל, כֻּלָּם...

• מָה **הֵם** יַגִּידוּ?

\- לֹא בָּרוּר... אֲבָל כְּדֵי שֶׁלֹּא יַגִּידוּ, צָרִיךְ לְהִזָּהֵר.

• לָמָּה, מִמָּה?

\- כִּי אִם יַגִּידוּ, זֶה יִהְיֶה מְאוֹד לֹא נָעִים.

• וְאֵיךְ נִזְהָרִים?

\- מִשְׁתַּדְּלִים מְאוֹד לֹא לַעֲשׂוֹת בּוּשׁוֹת וּשְׁטֻיּוֹת וְגַם לֹא טָעֻיּוֹת!
שׁוֹמְרִים שֶׁהַכֹּל יִהְיֶה נָקִי וּמְסֻדָּר,
מְדַבְּרִים בְּנִימוּס וְחוֹשְׁבִים לִפְנֵי כָּל דָּבָר,
לֹא מַגְזִימִים, לֹא מִתְלַהֲבִים,
מִשְׁתַּדְּלִים לְהַשִּׂיג צִיּוּנִים טוֹבִים.
מְהַוִּים מַמָּשׁ דֻּגְמָה מְהַלֶּכֶת עַל שְׁתַּיִם
שֶׁל רֹשֶׁם טוֹב לְכָל הָעֵינַיִם וְהָאָזְנַיִם.

• וְכָל זֶה בִּשְׁבִילָם?

\- כֵּן, **הֵם** מְאוֹד חֲשׁוּבִים.
הֵם מַרְאִים אֶת הַדֶּרֶךְ וּמְלַמְּדִים.

• אֲבָל עִם כָּל הַכָּבוֹד (וְיֵשׁ כָּבוֹד!)
הָעֹל שֶׁלָּהֶם לְעִתִּים מֵעִיק וּמֵצִיק

• קָשֶׁה כָּאן לִנְשֹׁם וַאֲפִלּוּ מַחְנִיק

• מָה, אִי אֶפְשָׁר לָדַעַת בְּדֶרֶךְ אַחֶרֶת
מָה הַהִתְנַהֲגוּת הָרְצוּיָה הַמֻּתֶּרֶת?

\- הָאֱמֶת הִיא שֶׁיֵּשׁ, יֵשׁ דֶּרֶךְ אַחֶרֶת לִשְׁאֹל...

• לִשְׁאֹל אֶת מִי?

\- אוֹתִי, אֶת עַצְמִי:
מֶה חָשׁוּב בֶּאֱמֶת וּמָה אוּלַי קְצָת פָּחוֹת?
מָה טוֹב וּמָה רַע, וְהַאִם זֶה כְּדַאי?
הַאִם אֲנִי מִתְחַשֵּׁב אוֹ מִתְחַשֵּׁב מִדַּי?
מָתַי נָכוֹן לָנוּחַ וּמָתַי וְאֵיךְ לְהִתְקַדֵּם וְלַעֲלוֹת
וּמַה הֲכִי נָכוֹן לִי לַמַּטָּרוֹת הֲכִי נַעֲלוֹת?

• וּמָה אִתָּם?
מָה **הֵם** יַגִּידוּ?

\- אָז יַגִּידוּ...
שֶׁיַּגִּידוּ מָה שֶׁיַּגִּידוּ!

14

אין ילדים כאלה - יש

הַיֶּלֶד שֶׁלִּי כָּל כָּךְ מַקְסִים
בֶּאֱמֶת, אֵין עוֹד יְלָדִים כָּאֵלֶּה
בֶּאֱמֶת - יֵשׁ.

הַיֶּלֶד שֶׁלִּי כָּל כָּךְ קָשֶׁה
בֶּאֱמֶת, אֵין עוֹד יְלָדִים כָּאֵלֶּה
בֶּאֱמֶת - יֵשׁ.

הַיֶּלֶד הַזֶּה כָּל כָּךְ רַע
בֶּאֱמֶת, אֵין יְלָדִים כָּאֵלֶּה.

לַיֶּלֶד הַזֶּה כָּל כָּךְ רַע
בֶּאֱמֶת, יֵשׁ יְלָדִים כָּאֵלֶּה.

הַיֶּלֶד הַזֶּה זָקוּק לְאַהֲבָה
בֶּאֱמֶת, יֵשׁ רַק יְלָדִים כָּאֵלֶּה.

הַיֶּלֶד שֶׁלִּי שׁוֹנֶה מִכֻּלָּם
הוּא כָּל כָּךְ שֶׁלִּי - יָחִיד בָּעוֹלָם.

אנטומיה

חֲבֵרִים בְּלֵב וָנֶפֶשׁ
רָאוּ עַיִן בְּעַיִן
הֶחְלִיטוּ פֶּה אֶחָד
צֶמֶד בִּלְתִּי נִפְרָד.

כְּבָר לֹא.

הָיָה רִפְיוֹן יָדַיִם
הָיָה קֹשִׁי שֶׁל עֹרֶף
הָלְכוּ רֹאשׁ בְּרֹאשׁ
עָלָה הַדָּם לָרֹאשׁ
עַכְשָׁו הַלֵּב כָּבֵד
הַמָּרָה שְׁחֹרָה
הַכְּלָיוֹת מְיַסְּרוֹת.

כָּל אֶחָד לְחוּד מְיֻחָד
אֲבָל חָסֵר הַיַּחַד
כְּמֵהִים לְיִחוּדִיּוּת וְגַם לְאַחְדוּת.

עָבְרָה הַשְּׁמוּעָה
מִפֶּה לָאֹזֶן
דַּי לַבְּרֹגֶז, רוֹצִים
שָׁלֹם

קָרְבוּ אַט-אַט
תְּחִלָּה גַּב אֶל גַּב
אַחַר כָּךְ
צַד לְצַד
וְאָז,
יָד בְּיָד
לֵב אֶל לֵב.
בְּיַחַד מְיֻחָד.

אני יודעת הכול

אֲנִי יוֹדַעַת הַכֹּל.

הִגְזַמְתִּי, אֲנִי יוֹדַעַת!
לֹא יָכוֹל לִהְיוֹת -
לֹא מְצִיאוּתִי
לֹא אֲמִתִּי
גּוֹרֵם לִי לִתְהוֹת.

וְגַם כָּבֵד לִסְחֹב
לָרֹב
(לַמְרוֹת שֶׁלִּפְעָמִים זֶה מַרְגִּישׁ טוֹב)

אָז אֶתְפַּשֵּׁר;
אֲנִי יוֹדַעַת הַרְבֵּה
וְהַרְבֵּה-הַרְבֵּה אֲנִי לֹא יוֹדַעַת

אַמְשִׁיךְ לָדַעַת וְלֹא לָדַּעַת
אַמְשִׁיךְ לִשְׁאֹל שְׁאֵלוֹת, לָתֵת תְּשׁוּבוֹת
אַמְשִׁיךְ לְחַפֵּשׂ תְּשׁוּבוֹת
אַמְשִׁיךְ לָתֵת עֶזְרָה
אַמְשִׁיךְ לְבַקֵּשׁ עֶזְרָה
אַמְשִׁיךְ
אַמְשִׁיךְ
וְאַמְשִׁיךְ...

נָכוֹן, גַּם פֹּה לֹא צָרִיךְ לְהַגְזִים
רָצוּי לֹא לִשְׁכֹּחַ
שֶׁאֶפְשָׁר גַּם לָנוּחַ.

בדידות יקרה

בְּדִידוּת יְקָרָה,
חֲבֶרְתִּי מִשֶּׁכְּבָר -
כּוֹתֶבֶת אֲנִי לָךְ
כְּדֵי שֶׁנַּגִּיעַ לְמַצָּב מְשֻׁפָּר.
הַמַּטָּרָה הִיא לֹא הֲטָחַת הָאֲשָׁמוֹת וְעֶלְבּוֹנוֹת,
אֶלָּא פִּתְרוֹן בְּעָיוֹת עִם הַצְהָרַת כַּוָּנוֹת.

פָּגַשְׁתִּי אוֹתָךְ וּבִלִּיתִי אִתָּךְ
כְּיַלְדָּה כְּנַעֲרָה כְּאִשָּׁה
נֶהֱנֵיתִי מֵחֶבְרָתֵךְ
כְּשֶׁהַמִּנּוּנִים הָיוּ נְכוֹנִים.
לְעִתִּים הִגַּעְתְּ, לֹא מְזֻמֶּנֶת,
לְבִקּוּרִים אֲרֻכִּים,
וְהָפַכְתְּ לִבְדִידוּת קָשָׁה.

אַתְּ מְאַלֶּצֶת אוֹתִי וּמְאַפְשֶׁרֶת לִי
לִפְגֹּשׁ אֶת עַצְמִי, לַחְשֹׁב, לְתַהוֹת,
גּוֹרֶמֶת לִי לְהִתְבּוֹנֵן וּלְגַלּוֹת,
לְהִתְפַּתֵּחַ רוּחָנִית, לְחַפֵּשׂ אֶת הַמֶּסֶר
אֲבָל יוֹתֵר מִדַּי מִמֵּךְ גּוֹרֵם לִי חֶסֶר.

עִם כָּל הַכָּבוֹד לְעַצְמִי וְלָךְ
חִבּוּר עִם אֲחֵרִים
הוּא כִּוּוּן לֹא פָּחוֹת מֻצְלָח...

מָה הָאַחְרָיוּת שֶׁלִּי בַּקֶּשֶׁר שֶׁלָּנוּ?
לִשְׁמֹר אִתָּךְ עַל מִנּוּנִים וּגְבוּלוֹת
לִבְנוֹת קְשָׁרִים וּגְשָׁרִים לְעוֹד אֲנָשִׁים
כִּי חָשׁוּב אָמְנָם לִפְגֹּשׁ בָּךְ וַהֲגִיגִים לְהַעֲלוֹת
אֲבָל חָשׁוּב וְטוֹב גַּם עִם בְּנֵי אָדָם לְבַלּוֹת.

בת הים הלא קטנה

אֲנִי אֲמוּרָה לִהְיוֹת קְטַנָּה
דַּקָּה, אֲרֻכָּה וַחֲטוּבָה
אֲנִי לֹא.
אַבִּיר עַל סוּסוֹן יָם לָבָן - לֹא בִּשְׁבִילִי.
סַרְדִּינִים פּוֹחֲדִים מִמֶּנִּי
הַדּוֹלְפִין הוּא חֲבֵרִי
הוּא מֵבִין אוֹתִי,
אֲחֵרִים לֹא;
"תַּעֲשִׂי דִּיאֶטָה,"
"תִּשְׂחִי בְּפֶה סָגוּר,"
"תַּעֲשִׂי סְפּוֹרְט".

סְפּוֹרְט אֲנִי עוֹשָׂה
אֲנִי הֲרֵי שׂוֹחָה כָּל הַזְּמַן,
אֲבָל בְּפֶה פָּתוּחַ
וּבוֹלַעַת כִּמְעַט כָּל מָה שֶׁבַּסְּבִיבָה...

אֲנִי יְכוֹלָה לִסְגֹּר אֶת הַפֶּה,
לִנְשֹׁם מֵהָאַף,
אֲבָל קָשֶׁה לְהִתְאַפֵּק.
אֲנִי בַּת הַיָּם,
אֲבָל מַמָּשׁ לֹא קְטַנָּה.

מְדַכֵּא.
מָה יִהְיֶה?

הֶחְלַטְתִּי כְּדִלְקַמָּן:

1. בְּכָל מִקְרֶה אֲנִי בְּסֵדֶר
2. גְּדוֹלָה זֶה יָפָה
3. קְצָת לָרֶדֶת בַּמִּשְׁקָל זֶה בָּרִיא
4. כָּל עֶשֶׂר דַּקּוֹת אֶסְגֹּר אֶת הַפֶּה לַחֲצִי דַּקָּה
5. לִרְגִיעָה - שֵׁנָה טוֹבָה, מֵדִיטַצְיָה בַּמַּיִם

וּמָה עוֹד יִהְיֶה?
נִשְׂחֶה וְנִרְאֶה.

גבירותיי ורבותיי, רגשות מכובדים!

גְּבִירוֹתַי וְרַבּוֹתַי,
בּוֹאוּ נוֹדֶה עַל הָאֱמֶת, מְכֻבָּדַי,
כְּשֶׁזֶּה נוֹגֵעַ בִּרְגָשׁוֹת
יֵשׁ אַפְלָיוֹת.
הָרְגָשׁוֹת הַ"מְּכֻבָּדִים":
שִׂמְחָה, רֹגַע, אֹמֶץ וַחֲבֵרֵיהֶם,
מַרְגִּישִׁים רְצוּיִים.
הַפָּחוֹת רְצוּיִים:
פַּחַד, כַּעַס, עֶצֶב וְדוֹמֵיהֶם,
מַרְגִּישִׁים מֻנְדִּים.
הָבָה נְתַקֵּן אֶת הָעַוְלָה
בְּקַבָּלָה וַהֲכָלָה
שֶׁל כֻּ-לָּם,
גַּם שֶׁל הַפָּחוֹת נוֹחִים,
אֲנִי אוֹמֶרֶת מֵהַיּוֹם
כָּל הָרְגָשׁוֹת אַחִים!

דמעות

עַיִן יְרֻקָּה מְקַנְּאָה
עַיִן צָרָה
עַיִן רָעָה.

פּוֹקַחַת עֵינַיִם
מִתְבּוֹנֶנֶת
מַבִּיטָה מִזָּוִית אַחֶרֶת.

רוֹאָה אֶת הַלֵּב נֶחְמָץ מְכֻוָּץ,
בּוֹכֶה.

יוֹרֶדֶת דִּמְעָה יְרֻקָּה
יוֹרֶדֶת דִּמְעָה שְׁקוּפָה
יוֹרֶדֶת דִּמְעָה וְרֻדָּה
מְלֵאָה וְטוֹבָה,

שֶׁקֶט
וְשַׁלְוָה.

דרקון חסר ביטחון

דְּרָקוֹן חֲסַר בִּטָּחוֹן?
מָה לַעֲשׂוֹת - קוֹרֶה.

אָמְרוּ לִי: הִזָּהֵר,
אַל תָּרוּץ מַהֵר
אַל תִּסְמֹךְ
זֶה לֹא כָּזֶה פָּשׁוּט
אַתָּה לֹא בְּסֵדֶר
אַל תִּשְׁכַּח לָקַחַת סְוֶדֶר.

הִתְכַּוַּנּוּ -
אֲנַחְנוּ אוֹהֲבִים אוֹתְךָ.

וְהַדְּרָקוֹן?
נִהְיָה סוּפֶּר דְּרָקוֹן,
הִשְׁתַּמֵּשׁ בָּאֵשׁ לְמַטָּרוֹת טוֹבוֹת בִּלְבַד
עָשָׂה שָׁלוֹם עוֹלָמִי
וְהָלַךְ לִישֹׁן.

הורדת ידיים

לַחַץ וַאֲנִי
אֲנִי וְלַחַץ
מַכִּירִים הַרְבֵּה שָׁנִים.

נִפְגָּשִׁים בָּעֲבוֹדָה
בַּבַּיִת וְעִם הַיְלָדִים
נִפְגָּשִׁים בַּחֲדָשׁוֹת
בַּפְּקָקִים
וְאֵיפֹה לֹא;

מְשַׂחֲקִים
בְּהוֹרָדַת יָדַיִם
אֲנִי מְנַסָּה לְהוֹרִיד אוֹתוֹ
הוּא מְנַסֶּה לְהוֹרִיד אוֹתִי
כִּמְעַט תָּמִיד הוּא מְנַצֵּחַ,
אֲנִי עַל הַקְּרָשִׁים
וּשְׁנֵינוּ מֻתָּשִׁים.

לְהִפָּטֵר מִמֶּנּוּ? לְגַמְרֵי?
לְתָמִיד?
לֹא מְצִיאוּתִי וְלֹא יָשִׂים.

מָה כֵּן?
אֶפְשָׁר לְנַסּוֹת
לְהִפָּגֵשׁ פָּחוֹת
וּכְשֶׁנִּפָּגֵשׁ
לְשַׂחֵק
תּוֹפֶסֶת
אוֹ שֵׁשׁ-בֵּשׁ.

השילוב המנצח

יֶלֶד שׁוֹבָב
יֶלֶד נִלְהָב
יֶלֶד פָּגוּעַ
יֶלֶד "מְרֻעָב"
מָה הוּא צָרִיךְ?
אַהֲבָה לְלֹא גְּבוּל
וּגְבוּל לַתַּעֲלוּל -
זֶה הַמַּפְתֵּחַ,
הַשִּׁלּוּב הַמְּנַצֵּחַ,
שֶׁמּוֹבִיל אֶת הַחַיִּים
לְאֹשֶׁר וּלְכשֶׁר
וַאֲפִלּוּ לְעֹשֶׁר
בְּיֹשֶׁר.

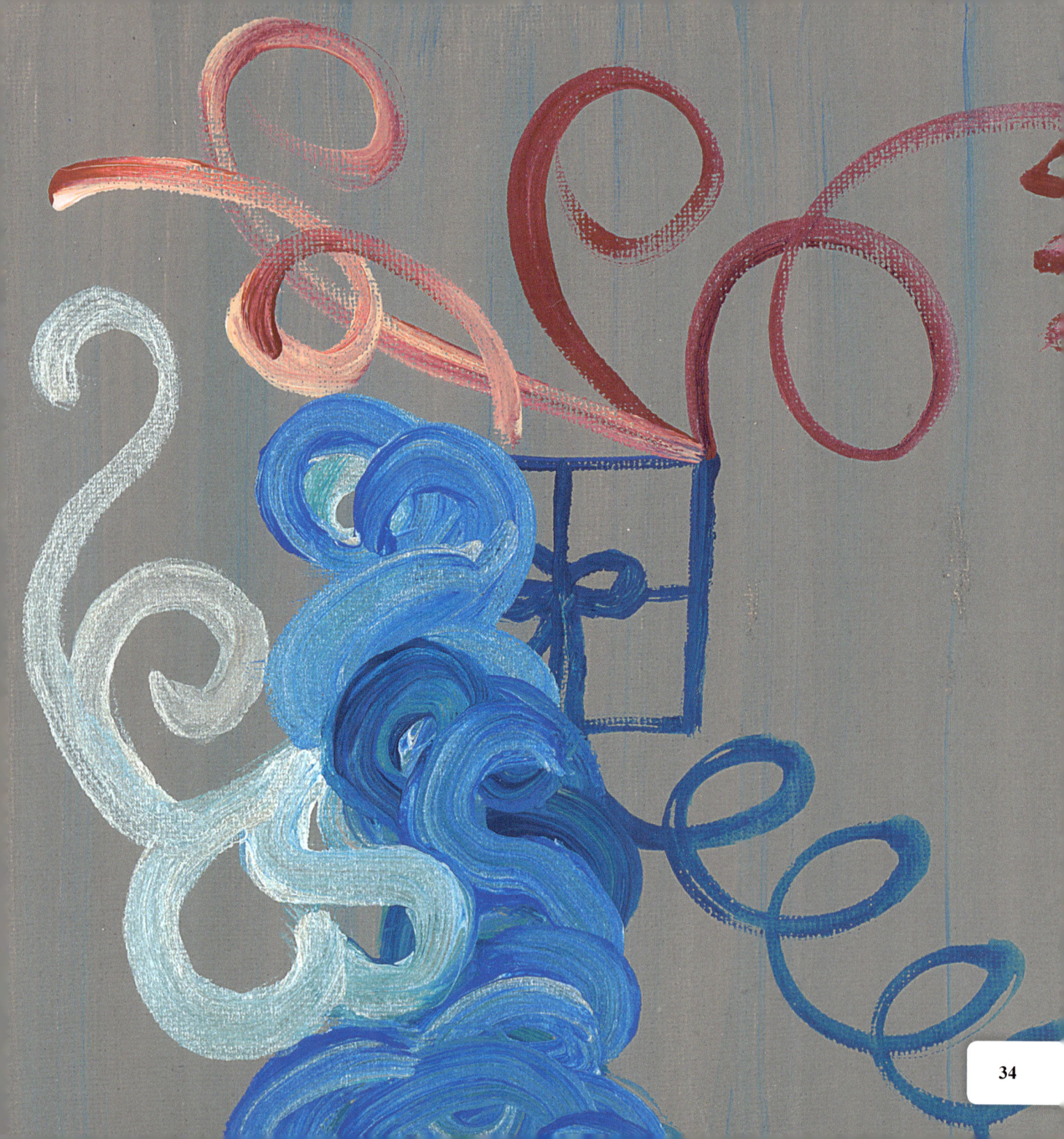

השליטה שהלכה לאיבוד

הַשְּׁלִיטָה - יַלְדָּה טוֹבָה
תָּמִיד לְצִדִּי,
מְסֻדֶּרֶת, מְמֻשְׁמַעַת
אַחְרָאִית,
קְצָת מְרֻבַּעַת
כְּשֶׁהִיא לְיָדִי אֲנִי רְגוּעָה.

פַּעַם,
כְּשֶׁהָיִיתִי בָּעֲבוֹדָה אוֹ בִּפְקָק
אוֹ - רְעֵבָה וְנִשְׁפַּךְ לִי הַמָּרָק,
הִיא הָלְכָה לְאִבּוּד.
הִיסְטֶרְיָה, מְהוּמָה, מִשְׁטָרָה וְחִפּוּשִׂים
עַד שֶׁהַשְּׁלִיטָה נִמְצְאָה.
מֵאָז מַחְזִיקָה אוֹתָהּ יוֹתֵר צָמוּד.
וְשׁוּב אִבַּדְתִּי אוֹתָהּ בַּהֲמֻלַּת הַקַּנְיוֹן
עָזְבָה לִי אֶת הַיָּד וְנָדְדָה
הַשְּׁלִיטָה שֶׁלִּי שׁוּב אָבְדָה!
בֵּין הִיסְטֶרְיָה לְחֹסֶר אוֹנִים,
מַשֶּׁהוּ נִפְתַּח מִבִּפְנִים,
הֶחְלַטְתִּי
לְהִתְגַּבֵּר,
לְשַׁחְרֵר
לְהָנִיחַ לָהּ
לָתֵת לָהּ מָקוֹם לִנְשֹׁם
לִזְכֹּר - הִיא אַחְרָאִית וּמְתוּנָה
וּכְבָר לֹא יַלְדָּה קְטַנָּה
הִיא תַּחְזֹר
מַקְסִימוּם תִּקְנֶה בֶּגֶד אוֹ אֲבִיזָר מְיֻתָּר

גַּם לָהּ מֻתָּר.

בַּפַּעַם הַבָּאָה שֶׁאִבַּדְתִּי אוֹתָהּ,
כְּשֶׁהַהִיסְטֶרְיָה בְּכָל זֹאת הִתְיַצְּבָה,
שִׁחְרַרְתִּי,
הִתְגַּבַּרְתִּי,
נָשַׁמְתִּי,
וְנַחֲשׁוּ מָה קָרָה -
הִיא חָזְרָה.

ויהי אור

וַיְהִי אוֹר
לֵדָה...
נְשָׁמָה רַכָּה הִגִּיעָה לָעוֹלָם,
נְשָׁמָה יְחוּדִית שׁוֹנָה מִכֻּלָּם.

חֹדֶשׁ תְּשִׁיעִי,
הוּא עֲדַיִן מוּגָּן בָּרֶחֶם,
אַתְּ בְּמַצָּב לֹא וַדָּאִי;
מִיהוּ הַתִּינוֹק שֶׁלָּךְ?
בְּקָרוֹב תֵּדְעִי.
נְפוּחָה,
כְּבֵדָה,
מְתֻשֶּׁת,
גְּדוֹלָה.
גְּדוֹלָה מֵהַחַיִּים,
מְבִיאָה לָעוֹלָם חַיִּים חֲדָשִׁים,
הֲכִי חַלָּשָׁה - הֲכִי חֲזָקָה,
הֲכִי כּוֹאֶבֶת - הֲכִי אֱלֹהִית.
בּוֹרֵאת - אִמָּא.
מְכִילָה,
מְדַמֶּמֶת,
מִתְבּוֹנֶנֶת קָדִימָה.

וְהוּא בָּא.
עָשִׂית אֶת הַנַּעֲלֶה מִכֹּל;
לָלֶדֶת יֶלֶד
לְגַדֵּל יֶלֶד,
לְהוֹבִיל אוֹתוֹ בְּמִשְׁעוֹל,
דֶּרֶךְ קָשָׁה
לְעִתִּים תּוֹבְעָנִית,
לְעִתִּים מַפְחִידָה וּכְפוּיַת טוֹבָה,
אַךְ גַּם
מְרַגֶּשֶׁת, מְהַנָּה וּמְמַלֵּאת אַהֲבָה.

וַיְהִי אוֹר - לֵדָה...
נְשָׁמָה רַכָּה הֵבֵאת לָעוֹלָם,
נְשָׁמָה יְחוּדִית, שׁוֹנָה מִכֻּלָּם.

זמן

עָבָר הוֹוֶה עָתִיד;

הָיֹה הָיָה עָבָר
הָיֹה יִהְיֶה עָתִיד
וְרַק מָה שֶׁהוֹוֶה הוֹוֶה
וּמָה שֶׁהוֹוֶה קָצָר
וְיָקָר.

מֻיתָּר
לִפְחֹד מֵהַמָּחָר
לִבְכּוֹת עַל הָאֶתְמוֹל
אוֹ לִדְחוֹת לְמָחָר.

רָצוּי
לִלְמֹד מִן הֶעָבָר
לְתַכְנֵן לֶעָתִיד
לִחְיוֹת אֶת הַהוֹוֶה.

הֶעָבָר אַיִן,
הֶעָתִיד עֲדַיִן,
וְהַהוֹוֶה כְּהֶרֶף עַיִן...

הַהוֹוֶה יֵשׁ מֵאַיִן
נְקַבֵּל אֶת הָאַיִן
נִחְיֶה אֶת הַיֵּשׁ
לִפְנֵי שֶׁיֵּהָפֵךְ לְעָבָר

כָּאן וְעַכְשָׁו
בְּעִקָּר.

חופשי

חָפְשִׁי כְּמוֹ צִפּוֹר דְּרוֹר
לִבְחֹר:

לָלֶכֶת יָמִינָה אוֹ שְׂמֹאלָה,
לָנוּחַ אוֹ לְהִתְקַדֵּם;
גְּלִידַת שׁוֹקוֹ, קָרָמֵל אוֹ וָנִילָה,
לָגוּר בְּאֹהֶל אוֹ בְּוִילָה?

חָפְשִׁי זֶה טוֹב
אֲבָל גַּם לֹא קַל.
אִם בּוֹחֲרִים יָמִינָה,
מְוַתְּרִים עַל שְׂמֹאלָה.
לָגוּר בְּאֹהֶל - נֶחְמָד
אֲבָל בְּחֹרֶף קַר.
לָגוּר בְּוִילָה - יָקָר
וְאוּלַי מְיֻתָּר.

בְּכָל מִקְרֶה צָרִיךְ לִבְחֹר
מָה וְאֵיךְ וְעִם מִי וְכַמָּה,
רָצוּי לַחְשֹׁב וּלְהָבִין לָמָּה.

מֻתָּר
לְהִתְלַהֵב, לְהִתְחַשֵּׁב,
לְהִתְאַכְזֵב וְשׁוּב לְהִתְלַהֵב...

צִפּוֹר דְּרוֹר
פּוֹרֶשֶׂת כְּנָפַיִם
עִם הַחֹפֶשׁ לִבְחֹר
לִלְמֹד אֶת הָעוֹלָם מִקָּרוֹב
וּלְגַלּוֹת אֶת הַשָּׁמַיִם.

חורש טבעי

אִם בָּאֲרָזִים נָפְלָה שַׁלְהֶבֶת
מָה יַגִּידוּ אֱזוֹבֵי הַקִּיר?

גָּבוֹהַּ - נָמוּךְ,
זָקוּף - שָׁפוּף,
אֲרָזִים, אֱזוֹבִים
צְמָחִים.

נִפְגָּעִים
מִשְׁתַּקְּמִים
כְּמוֹ יַעַר נִשְׂרָף
הַמְּפַנֶּה מָקוֹם
לְחֹרֶשׁ טִבְעִי חָדָשׁ.

כָּל שַׁלְהֶבֶת צוֹרֶבֶת
מְזַמֶּנֶת
אַחֲרֶיהָ
צְמִיחָה עֲשִׁירָה
מְלַבְלֶבֶת.

טיסה נעימה

מָטוֹס מַמְרִיא אֶל יַעַד רָחוֹק
מַסְלוּל הַטִּיסָה מְדֻיָּק וּמְתֻכְנָן כַּחֹק.
וּבַחוּץ - כִּיסֵי אֲוִיר,
חֲסִידוֹת,
לְחָצִים אוֹ מַבּוּל,
סוֹטִים מֵהַמַּסְלוּל
קְצָת יָמִינָה אוֹ שְׂמֹאלָה
קְצָת לְמַטָּה אוֹ לְמַעְלָה
לִפְעָמִים בַּאֲלַכְסוֹן
הַכֹּל בְּסֵדֶר - לֹא אָסוֹן.

טַיָּס טוֹב
בּוֹדֵק אֶת הַמַּסְלוּל וּמְתַקֵּן אֶת הַסְּטִיּוֹת.
הוּא יַגִּיעַ פָּחוֹת אוֹ יוֹתֵר בִּזְמַן
לַיַּעַד הַמְּתֻכְנָן.

גַּם בַּחַיִּים
יֵשׁ הַשְׁפָּעוֹת בִּלְתִּי צְפוּיוֹת,
קְשָׁיִים וְשִׁנּוּיִים.
בַּדֶּרֶךְ לֹא פַּעַם טוֹעִים -
קְצָת יָמִינָה אוֹ שְׂמֹאלָה,
קְצָת לְמַטָּה אוֹ לְמַעְלָה אוֹ בָּאֲלַכְסוֹן - לֹא אָסוֹן.
הַהִתְקַדְּמוּת טוֹמֶנֶת בְּחֻבָּהּ אֶתְגָּר -
מִפְגָּשׁ עִם הַלֹּא-מֻכָּר.

חָשׁוּב לִהְיוֹת טַיָּס טוֹב לְמַדַּי
לְהַבִּיט מָה מֵאֲחוֹרַי, מִלְּפָנַי וּמִצְּדָדַי,
לִבְחֹן אֶת הַמַּסְלוּל לְעִתִּים מְזֻמָּנוֹת
לְתַקֵּן סְטִיּוֹת וְטָעֻיּוֹת כְּשֶׁהֵן עֲדַיִן קְטַנּוֹת
לְהַגִּיעַ לַיַּעַד,
וְלֹא פָּחוֹת חָשׁוּב - מֵהַטִּיסָה לֵהָנוֹת.

כדור הארץ עליי

כְּמוֹ אַטְלָס הַיְּוָנִי
אֲנִי סוֹחֵב בִּשְׁבִיל כֻּלָּם
אֶת הָעוֹלָם -
טִפּוּס קָרְבָּנִי.

מַרְגִּישׁ חוֹבָה לִסְפֹּג
צָרוֹת שֶׁל אֲחֵרִים -
הַשִּׁגְעוֹנוֹת, הַטְּעָנוֹת, הַמַּעֲנוֹת,
הַדְּרִישׁוֹת, הַבַּקָּשׁוֹת, הַוִּכּוּחִים,
כָּבֵד לִי, אֲבָל מֻכְרָחִים...
הֲרֵי אֲנִי לְכַדּוּר הָאָרֶץ אַחְרַאי
הוּא יִקְרֹס בִּלְעָדַי.

מִי יוֹדֵעַ מָה יִקְרֶה "לָהֶם"
אִם לֹא אָסִיר אֶת הָעֹל מֵעֲלֵיהֶם,
זֶהוּ תַּפְקִידִי שֶׁלִּי
כָּכָה זֶה בַּחַיִּים,
לָשֵׂאת בָּעֹל
וְלִסְבֹּל.

וְהִנֵּה, לְרֶגַע אֶחָד,
לֹא שַׂמְתִּי לֵב
וְשָׁכַחְתִּי מִן הַתַּפְקִיד שֶׁאֲנִי כֹּה אֹהֵב
וְלֹא סָחַבְתִּי.

וּרְאֵה זֶה פֶּלֶא -
כַּדּוּר הָאָרֶץ לֹא קָרַס,
שׁוּם דָּבָר לֹא נֶהֱרַס
וְגַם "הֵם" כֻּלָּם הָיוּ בְּסֵדֶר
לְלֹא תַּקָּלָה,
עוֹלָם כְּמִנְהָגוֹ נָהַג
אֵיזוֹ הֲקָלָה!

וְעַכְשָׁו מָה?
בְּעָיָה!
צָרִיךְ לְהִתְרַגֵּל לִמְנוּחָה וּבַטָּלָה
וּמַצָּב כָּזֶה יָכוֹל
לִהְיוֹת מַמָּשׁ לְעֹל,
מִי שֶׁכַּדּוּר הָאָרֶץ הָיָה עַל כְּתֵפָיו
חָלִילָה לֹא יִמְעַל לְגַמְרֵי בַּתַּפְקִיד וְיַשְׁלִיךְ אוֹתוֹ
מֵעָלָיו.
עִם זֹאת שָׁוֶה לִשְׁקֹל שִׁנּוּי הַגְדָּרַת תַּפְקִיד
לֶעָתִיד
לְפַנּוֹת זְמַן גַּם לְעַצְמִי
לִהְיוֹת מְעַט פָּחוֹת אַטְלָס
וְיוֹתֵר נֶהֱנְתָנִי.

מִי שֶׁכַּדּוּר הָאָרֶץ הָיָה עַל כְּתֵפָיו
צָרִיךְ לִלְמֹד מֵחָדָשׁ אֵיךְ לִחְיוֹת אֶת חַיָּיו.
יִתָּכֵן שֶׁגַּם אֶת הָעֹל הַזֶּה אֹהֵב.

כוח גברי עוצמה נשית

כּוֹחַ - עָצְמָה
גַּבְרִי - נָשִׁי
חֶרֶב - מָגֵן
דּוּ-קְרָב - דּוּ-קִיּוּם.

שֵׂכֶל בָּרִבּוּעַ - רֶגֶשׁ בְּעִגּוּל
חֹמֶר וּבִצּוּעַ - רוּחַ וְטִפּוּל
מָה שָּׁוֶה יוֹתֵר - מָה בּוֹנֶה יוֹתֵר.

זָכָר וּנְקֵבָה בָּרָא אוֹתָם
גֶּבֶר - אִשָּׁה
אָדָם.

כּוֹחַ הַחֹזֶק וְעָצְמַת הָרַכּוּת
כְּמוֹ מַיִם עַל סֶלַע
כְּמוֹ אוֹר עַל עֵצִים
נָשִׁי וְגַבְרִי
שִׁלּוּב מַעֲצִים.

ככה זו לא תשובה

לָמָּה אַתָּה מִתְפָּרֵעַ?
לָמָּה אַתָּה פּוֹגֵעַ?
לָמָּה אַתָּה לֹא לוֹמֵד?
לָמָּה אַתָּה לֹא מִתְמוֹדֵד?
לָמָּה אַתָּה מְפַחֵד?

כָּכָה!
כִּי כָּזֶה אֲנִי וְזֶה מָה שֶׁיֵּשׁ
כָּכָה נוֹלַדְתִּי, כָּכָה גָּדַלְתִּי, וְכָכָה אֶשָּׁאֵר.
שִׁנּוּי - אֵין מָה לְבַקֵּשׁ.

הַבְּשׂוֹרָה הַטּוֹבָה הִיא
שֶׁכָּכָה זוֹ לֹא תְּשׁוּבָה.
אֶפְשָׁר לְשַׁנּוֹת.
אַתָּה הַרְבֵּה יוֹתֵר מִכָּזֶה
יֵשׁ בְּךָ הַרְבֵּה יוֹתֵר מִכָּכָה.
יֵשׁ לְךָ עוֹלָם פְּנִימִי עָשִׁיר
וְאֶת הַחֹפֶשׁ לִבְחֹר
אֵיךְ לְהָגִיב, מָה לְהַגִּיד.

זֶה דּוֹרֵשׁ עֲבוֹדָה,
אֲבָל שְׂכָרָהּ בְּצִדָּהּ.
אֶפְשָׁר לְשַׁנּוֹת חֲשִׁיבָה
וַהֲבָנוֹת
אֶפְשָׁר לְשַׁנּוֹת הֶרְגֵּלִים
וְהִתְנַהֲגוּיוֹת יְשָׁנוֹת.
אֶפְשָׁר.
זֶה מוּכָח
וּמִשְׁתַּלֵּם -
תִּהְיֶה אָדָם
יוֹתֵר מְאֻשָּׁר, יוֹתֵר מֻצְלָח,
יוֹתֵר שָׁלֵם.

לעוף

צִפּוֹרִים עָפוֹת
זוֹחֲלִים מְלַחֲכִים עָפָר
וּבְנֵי אָדָם עוֹמְדִים,
הוֹלְכִים,
רָצִים,
מִדֵּי פַּעַם שׂוֹרְצִים,
וּלְעִתִּים גַּם הֵם זוֹחֲלִים וּמְלַחֲכִים
עָפָר.

גַּם אֵלֶּה שֶׁגּוֹרָלָם שָׁפַר
מִי יוֹתֵר מִי פָּחוֹת
נִצְמָדִים לַקֹּשִׁי הַמֻּכָּר
מְבַכְּרִים שֶׁלֹּא לִצְמֹחַ
וּבֶטַח לֹא לָעוּף
כִּי יוֹתֵר בָּטוּחַ לָלֶכֶת כָּפוּף.

אֲנַחְנוּ הוֹלְכֵי עַל שְׁתַּיִם
לֹא נוֹלַדְנוּ לָעוּף
אֲבָל אֶפְשָׁר לְהַצְמִיחַ כְּנָפַיִם
אֶפְשָׁר לָעוּף לַשָּׁמַיִם
לְגַלּוֹת כּוֹכָב אוֹ שְׁנַיִם.

זֶה לֹא לוֹקֵחַ הַרְבֵּה זְמַן
דַּקָּה-דַּקָּתַיִם
וְאָז לַחְזֹר
לְנְחֹת נְחִיתָה רַכָּה
מִבְּלִי לְקַבֵּל מַכָּה,
וְלַעֲמֹד עַל הָרַגְלַיִם.

אָז אֶפְשָׁר לְחַפֵּשׂ חָבֵר קָרוֹב
לָתֵת לוֹ נְשִׁיקָה
וְשׁוּב לָרוּץ
לַעֲשׂוֹת מָה שֶׁנָּחוּץ
עִם מֶרֶץ מְחֻדָּשׁ וְהַשְׁרָאָה;
לִדְאֹג לַמִּשְׁפָּחָה
לַפַּרְנָסָה, לִבְרִיאוּת הַנֶּפֶשׁ וְהַגּוּף,
וְשׁוּב לְהִתְכּוֹנֵן לְהַמְרָאָה,
לְהַשְׁרָאָה,
וְלָעוּף
לְדַקָּה-דַּקָּתַיִם לַשָּׁמַיִם.

מה נשמע, עץ?

לֹא יוֹדֵעַ
נִשְׁמָע אוֹ לֹא נִשְׁמָע
קַיָּם אוֹ לֹא קַיָּם
אִם נָפַלְתִּי בַּיַּעַר
וְאַף אֶחָד לֹא שָׁמַע
זֶה נִשְׁמָע טוֹב?

אִם עָמַדְתִּי
בְּאֶמְצַע מִדְבַּר סָהָרָה
וְנָפַלְתִּי
וְאַף אֶחָד לֹא שָׁמַע
וְגַם לֹא רָאָה -
זֶה נִשְׁמָע טוֹב?
אֲנִי קַיָּם?

פַּעַם כְּשֶׁהָיִיתִי בְּאֶמְצַע גִּנָּה פּוֹרַחַת
וִילָדִים שִׂחֲקוּ לְיָדִי
טִפְּסוּ עָלַי
אָכְלוּ מִפֵּרוֹתַי
וְנָחוּ לְרַגְלַי
זֶה נִשְׁמַע מְצֻיָּן.

עַכְשָׁו
זֶה לֹא מָה שֶׁהָיָה פַּעַם
עַכְשָׁו קְצָת סָהָרָה

אֲבָל
אֲנִי חוֹשֵׁב מַשְׁמָע אֲנִי קַיָּם
אָז אֲנִי חוֹשֵׁב, הִנֵּה
אֶהְיֶה אֲתַר תַּיָּרוּת:
הָעֵץ הַמְּדַבֵּר וְהַנָּדִיב -
גַּם שׁוֹמֵעַ גַּם מַשְׁמִיעַ,
גַּם שׁוֹפֵעַ גַּם מַשְׁפִּיעַ
יָבוֹאוּ יֵהָנוּ
וְגַם אֲנִי.

נִשְׁמָע טוֹב.

מה קשור

תְּחִלָּה, בָּרֶחֶם,
אֲנִי קָשׁוּר לְאִמָּא בַּטַּבּוּר
מְחֻבָּר וּמוּגָן, טוֹב לִי,
וְנוֹלַדְתִּי.
וְאָז מַתְחִילוֹת הַצָּרוֹת...
אֲנִי רוֹצֶה לְהַמְשִׁיךְ
לִהְיוֹת קָשׁוּר בַּטַּבּוּר
מְאוֹד רוֹצֶה
אֲבָל זֶה לֹא כָּל כָּךְ יוֹצֵא
וְזֶה קָשֶׁה
אֲנִי מַרְגִּישׁ לְבַד
וּמְפֻחָד
וְאִמָּא מְחַבֶּקֶת הַרְבֵּה
אֲנִי מַרְגִּישׁ קָשׁוּר
אֲנִי מַרְגִּישׁ חָזָק
אֲנִי מַרְגִּישׁ שָׁוֶה.

אֲבָל אַף פַּעַם
לֹא מַמָּשׁ מַסְפִּיק,
תָּמִיד יֵשׁ מַשֶּׁהוּ
מֵעִיק אוֹ מֵצִיק.

וְאָז בָּא הַגִּלּוּי הַמַּרְעִישׁ
הַמִּתְמַשֵּׁךְ, הַמְּרַגֵּשׁ וּלְעִתִּים מַתִּישׁ:
בְּמַסָּע מְיֻחָד
מִגִּיל שְׁלוֹשׁ-עֶשְׂרֵה עַד שִׁבְעִים
גִּלִּיתִי שֶׁאֲנִי כֵּן קָשׁוּר
בַּטַּבּוּר
לְמִי?
לְעַצְמִי,
בְּנִימִים עֲדִינִים אֶצְלִי בִּפְנִים
קָשׁוּר מֵהַטַּבּוּר לַלֵּב
קָשׁוּר מֵהַטַּבּוּר לָרֹאשׁ
קָשׁוּר מֵהַטַּבּוּר לְעַמּוּד הַשִּׁדְרָה
מֵהַטַּבּוּר לַיָּדַיִם
מֵהַטַּבּוּר לָרַגְלַיִם
וּמֵהַטַּבּוּר לַשָּׁמַיִם
מַמָּשׁ קָשׁוּר
קֶשֶׁר חָזָק וְאַמִּיץ
וּפָחוֹת מְפֻחָד
וּכְבָר לֹא לְבַד.

מי אני

אֲנִי טוֹב? אֲנִי רַע?
יֵשׁ לִי בְּחִירָה?
אֲנִי טִפֵּשׁ? אֲנִי שָׁנוּן?
אֲנִי פָּזִיז? אֲנִי מָתוּן?

לִהְיוֹת רַע זֶה נוֹרָא
אֲבָל לִפְעָמִים אֵין בְּרֵרָה.
לִהְיוֹת טוֹב לְלֹא גְּבוּל
לִסְבֹּל אַתָּה עָלוּל,
לִהְיוֹת תָּמִיד חָכָם אִי אֶפְשָׁר
וּלְעִתִּים לִהְיוֹת טִפֵּשׁ זֶה חָכָם.

אָז מִי אֲנִי?
אָדָם.
אֲנִי גַּם וְגַם
עָצוּב וְשָׂמֵחַ
וַתְּרָן וּמִתְוַכֵּחַ
גַּאַוְתָן וְעָנָו
וְעוֹד וְעוֹד,

אֲנִי שָׁלֵם שֶׁהוּא יוֹתֵר מִסַּךְ כָּל חֲלָקָיו
אֲנִי כָּל דָּבָר
כִּי כְּבָר נֶאֱמַר:
"לַכֹּל זְמַן וְעֵת לְכָל חֵפֶץ תַּחַת הַשָּׁמַיִם",
וְכָל עוֹד אֶבְחַר
אֶת הַמִּנּוּן וְהַתִּזְמוּן
וְלָרֹב אֶשְׁמֹר עַל כִּוּוּן,
אֶהְיֶה בְּסֵדֶר
וְגַם יוֹתֵר מְאֻשָּׁר.

מערב פרוע רגוע

נָסַעְנוּ רָגוּעַ
בְּמֶרְכָּבָה
בַּמַּעֲרָב הַפָּרוּעַ.
פִּתְאוֹם הֵגִיחוּ הָרָעִים
מְהוּמָה גְּדוֹלָה, שֹׁד וָשֶׁבֶר
צְעָקוֹת וּבֶכִי מִכָּל עֵבֶר
שָׁדְדוּ וּבָרְחוּ.
הַסּוּסִים שֶׁלָּנוּ, מִבֶּהָלַת הַהַתְקָפָה,
פָּרְצוּ בִּדְהָרָה, כִּמְעַט בִּתְעוּפָה
אִבַּדְנוּ שְׁלִיטָה,
אֲנַחְנוּ מוּבָלִים
חַסְרֵי אוֹנִים וּמְבֹהָלִים.

בָּאֹפֶק הָרָחוֹק הוֹפִיעוּ שׁוֹמְרֵי הַחֹק
קָאוּבּוֹיִים טוֹבִים.
קָרְבוּ בִּדְהִירָה מְהִירָה
לֹא מוּלֵנוּ, לֹא "רֹאשׁ בְּרֹאשׁ"
דָּהֲרוּ לְצִדֵּנוּ בְּקֶצֶב הַמֶּרְכָּבָה
בִּמְיֻמָּנוּת וּבְקֹר רוּחַ
(רוּחַ טוֹבָה)
עָלוּ לַמֶּרְכָּבָה, הִרְגִּיעוּ אֶת הַסּוּסִים
הֶעֱלוּ אוֹתָם וְאוֹתָנוּ חֲזָרָה לַפַּסִּים.

וַאֲנַחְנוּ,
אַחֲרֵי אֵרוּעַ לֹא נָעִים, לָדַעַת כֻּלָּם,
רְגוּעִים.
לֹא נוֹרָא, לֹא סוֹף הָעוֹלָם
מַמְשִׁיכִים לִנְסֹעַ דֵּי רָגוּעַ
בַּמַּעֲרָב הַפָּרוּעַ.

נמר מנייר

פַּעַם, מַמָּשׁ מִזְּמַן, כְּשֶׁהָיִיתִי אָדָם קַדְמוֹן,
יָצָאתִי לַגּ'וּנְגֶּל לָצוּד עִם כִּידוֹן
קִוִּיתִי לִפְגֹּשׁ "מָזוֹן", אַךְ פָּגַשְׁתִּי מַשֶּׁהוּ אַחֵר -
נָמֵר.
סַכָּנָה!
כָּל הַגּוּף לִפְעֻלָּה הִתְעוֹרֵר
צָרִיךְ עַל הַחַיִּים לִשְׁמֹר
וְלִבְחֹר
לִתְקֹף אוֹ לִבְרֹחַ אוֹ לִקְפֹּא בַּמָּקוֹם.
אֲנִי נִדְרָךְ, מִתְגַּיֵּס וּבְלִי לְהַסֵּס
צוֹרֵחַ וּבוֹרֵחַ.
שָׂרַדְתִּי, אָכֵן נֵס!

מֵאָז, לְיֶתֶר בִּטָּחוֹן וּזְהִירוּת,
בַּגּ'וּנְגֶּל שֶׁל יָמֵינוּ אֲנִי נִכְנָס לְלַחַץ - לְכוֹנְנוּת
כּוֹנְנוּת "נָמֵר".
כְּשֶׁהַבּוֹס גּוֹעֵר - נָמֵר.
(מְסֻכָּן כִּי אוּלַי יְפַטֵּר, אָז לֹא יִהְיֶה לִי כֶּסֶף לְמָזוֹן
וְאָז לִחְיוֹת אֲנִי גּוֹמֵר!)
הַשָּׁעוֹן לֹא צִלְצֵל - נָמֵר!
הַבֵּן מִתְעַצֵּל - נָמֵר!
פָּגַשְׁתִּי נַהָג "נֶחְמָד" בַּכְּבִישׁ - נָמֵר!
יֵשׁ לִי עֲבוֹדָה חֲשׁוּבָה לְהַגִּישׁ - נָמֵר!
וְכָל נָמֵר
אוֹתִי שׁוֹחֵק וְאֶת הַחַיִּים מְמָרֵר.

הַאֻמְנָם נָמֵר? אֲמִתִּי?
אֲנִי בְּסַכָּנַת חַיִּים?
אֲנִי לִקְרַאת מוֹתִי?

לֹא!
מַצָּבִים לֹא נְעִימִים,
אֲבָל עַל הַחַיִּים לֹא מְאַיְּמִים,
לָכֵן כְּדַאי שֶׁנַּתְחִיל אֶת הַנְּמֵרִים לְמַיֵּן
וּמִיָּד נַבְחִין בְּדָבָר מְעַנְיֵן
וַאֲפִלּוּ מוּזָר:
רֹב הַנְּמֵרִים שֶׁאָנוּ פּוֹגְשִׁים
הֵם נְמֵרִים מִנְּיָר...
אָז אֶפְשָׁר לְהוֹרִיד קְצָת כּוֹנְנוּת
וּמֵהַנְּמֵרִים מִנְּיָר לַעֲשׂוֹת אֹסֶף אֻמָּנוּת -
אֻמָּנוּת הַהִתְבּוֹנְנוּת.

סוֹף הָעוֹלָם?

צִיּוּן 50 בְּמִבְחָן,
תְּאוּנָה,
קָפֶה נִשְׁפַּךְ עַל הַשֻּׁלְחָן,
לָצֵאת רַע בִּתְמוּנָה -
זֶה סוֹף הָעוֹלָם?

לִהְיוֹת מְבֻטָּל,
לַעֲלוֹת בַּמִּשְׁקָל,
לִהְיוֹת נִבְגָּד,
עֵרֶךְ הַנֶּכֶס יָרַד -
סוֹף הָעוֹלָם?

כַּנִּרְאֶה לֹא.
לֹא נָעִים עַד קָשֶׁה לְמַדַּי
אַךְ מַמָּשׁ לֹא סוֹף הָעוֹלָם, יְדִידַי.

וְגַם מָה שֶׁנִּרְאֶה "סוֹף הָעוֹלָם" מַמָּשׁ
יָכוֹל לִהְיוֹת הַתְחָלָה שֶׁל מַשֶּׁהוּ חָדָשׁ
שִׁדְרוּג שֶׁל הָעוֹלָם הַמֻּכָּר הַזֶּה,
וְהִנֵּה, הַטּוֹב הַנֶּעֱלָם
עוֹלֶה וּמִתְגַּלֶּה.

סטטיסטיקה

יֵשׁ סִכּוּי לְהִפָּגַע בִּתְאוּנָה
יֵשׁ סִכּוּי לְהֵחָשֵׂף לִקְרִינָה
יֵשׁ סִכּוּי לַחְלוֹת בְּמַחֲלָה קָשָׁה אוֹ מַגְבִּילָה
יֵשׁ סִכּוּי לִרְעִידַת אֲדָמָה
יֵשׁ סִכּוּי לְהִתָּקְלוּת אַלִּימָה אוֹ מִלְחָמָה
יֵשׁ סִכּוּי לְשֹׁד אוֹ פְּרִיצָה
יֵשׁ סִכּוּי לְהַפְצָצָה
יֵשׁ סִכּוּי לִטְבֹּעַ - לְהִסָּחֵף בַּגַּלִּים
יֵשׁ סִכּוּי לְהִנָּזֵק מֵחֳמָרִים רְעִילִים.

פַּחַד אֵיָמִים!
פַּחַד מָוֶת!
מָה יִהְיֶה?

לֹא יְשֵׁנִים
לֹא אוֹכְלִים
לֹא יוֹצְאִים
לֹא נוֹשְׁמִים

מָה עוֹשִׂים?
קֹדֶם כֹּל נוֹשְׁמִים
וְכַמּוּבָן יְשֵׁנִים וְאוֹכְלִים
וְיוֹצְאִים לְסִדּוּרִים וּבִלּוּיִים
וְגַם הוֹלְכִים לָעֲבוֹדָה
וְלַיָּם,
וְחַיִּים,
וּמִשְׁתַּדְּלִים בַּהֲנָאָה וּבְמִדָּה.

זוֹכְרִים
שֶׁמֻּתָּר לִפְחֹד, שֶׁזֶּה טִבְעִי,
וְזוֹכְרִים גַּם
שֶׁסְּטָטִיסְטִי זֶה לֹא וַדַּאי.

רֹב הַסִּכּוּיִים
שֶׁלֹּא נִפָּגַע, לֹא נִתָּקֵל, לֹא נֵחָשֵׂף
שֶׁלֹּא נֶחֱלֶה קָשׁוֹת, לֹא נִנָּזֵק, וְלֹא
נִסָּחֵף.

וְאִם כֵּן?
אָז קָשֶׁה, וְנוֹפְלִים, נוֹפְלִים וְקָמִים.
מִתְמוֹדְדִים.
מַאֲמִינִים.
רֹב הַסִּכּוּיִים שֶׁמַּצְלִיחִים
וַאֲפִלּוּ נִתְרָמִים וּמַרְוִיחִים:
נִבְנִים מֵהַהִתְנַסּוּת, מֵהַמַּכָּה,
וּמְסַפְּרִים אֶת הַסְּטָטִיסְטִיקָה.

ספה

יֵשׁ לִי סַפָּה לְלֹא כָּרִיּוֹת לְלֹא צִפִּיּוֹת
צִפִּיּוֹת הֵן לְכָרִיּוֹת
אֲבָל
צִפִּיּוֹת גַּם מַגְשִׁימוֹת אֶת עַצְמָן
כִּי הַמַּחְשָׁבוֹת בּוֹרְאוֹת
וְאֶפְשָׁר לִבְחֹר מַחְשָׁבוֹת.

לְאוֹר זֶה נִרְאֶה לִי
שֶׁאֶבְדֹּק אֵילוּ צִפִּיּוֹת יֵשׁ לִי
וְאֵילוּ חֲסֵרוֹת לִי,

לְאוֹר זֶה נִרְאֶה לִי
שֶׁאֶבְחַר אֵילוּ כָּרִיּוֹת אֲנִי רוֹצָה
מָה אֲנִי רוֹצָה
מָה אֲנִי מְצַפָּה...

הִגִּיעַ הַזְּמַן לְעַצֵּב אֶת הַסַּפָּה:
כָּרִית שֶׁל שִׂמְחָה
כָּרִית שֶׁל בְּרִיאוּת
כָּרִית שֶׁל הַצְלָחָה
כָּרִית שֶׁל יְדִידוּת
אוֹ כָּל דָּבָר אַחֵר,
מַלְּאוּ אֶת הֶחָסֵר.

כָּרִיּוֹת בְּצִבְעֵי אֲדָמָה
בְּצִבְעֵי יַעַר וְשָׁמַיִם
אֶת הַדֻּגְמָה קַל לִבְחֹר
וְשֶׁתִּהְיֶה עִם הַרְבֵּה אוֹר.

יֹפִי שֶׁל סַפָּה.
הִגִּיעַ הַזְּמַן
שֶׁהַצִּפִּיּוֹת וְהַכָּרִיּוֹת
יַגְשִׁימוּ אֶת עַצְמָן.

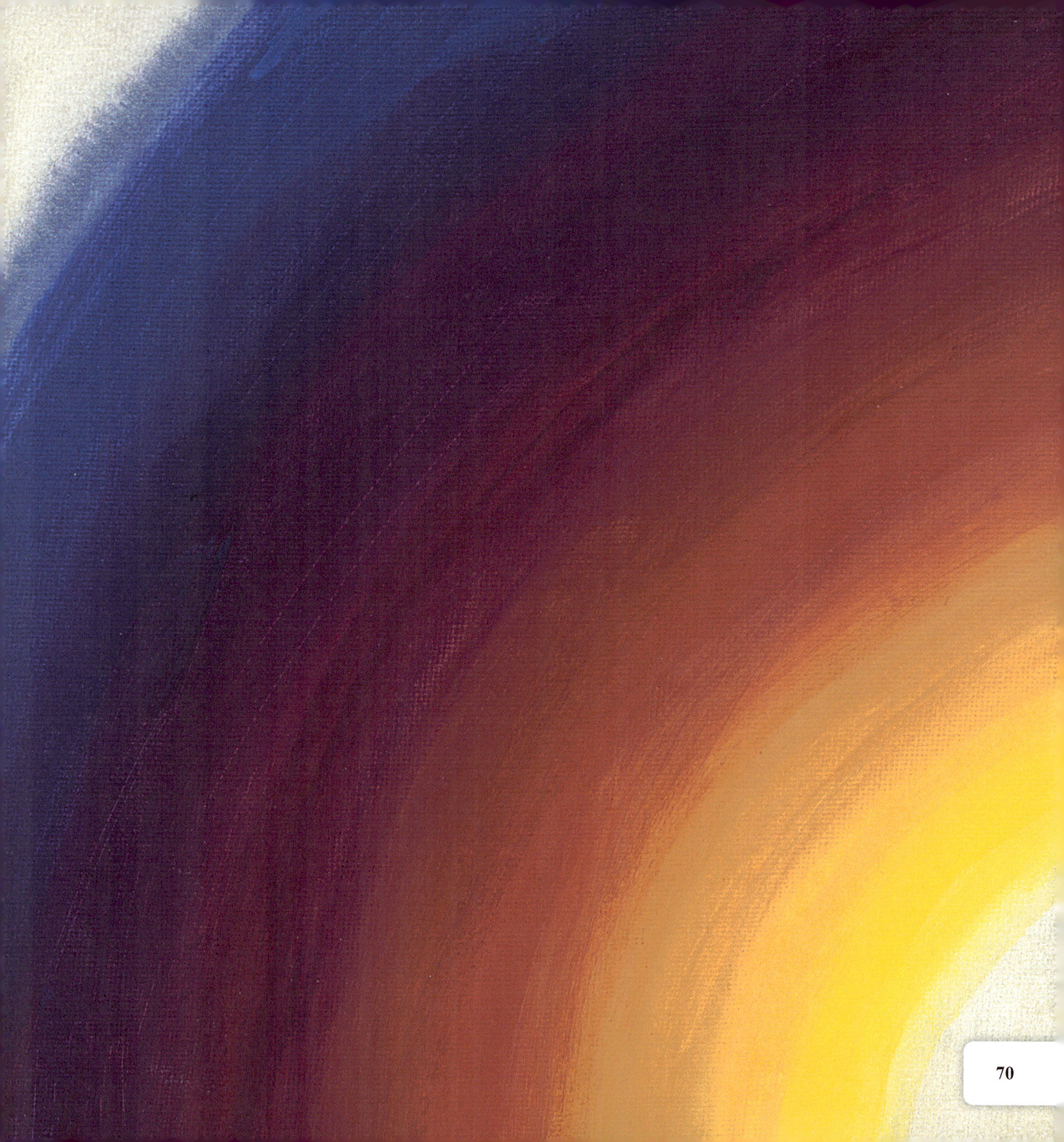

עולם ומלואו

יֵשׁ לִי הַרְבֵּה
אֲבָל בְּעִקָּר אֵין לִי

אֵין לִי מַסְפִּיק הַצְלָחָה
אִם בִּכְלָל
אֵין לִי מַסְפִּיק אַהֲבָה מֵאֲנָשִׁים
אִם בִּכְלָל
לֹא מַסְפִּיק חֲשִׁיבוּת
לֹא מַסְפִּיק מַשְׁמָעוּת
לֹא מַסְפִּיק שִׁגְעוֹן גַּדְלוּת.

אֲנִי עָיֵף, אֲנִי חָסֵר
לְעִתִּים אֶת הַכֵּלִים אֲנִי שׁוֹבֵר
עוֹשֶׂה בְּרֹגֶז עִם הָעוֹלָם
מְיֹאָשׁ מְאֻכְזָב כּוֹעֵס עַל כֻּלָּם
לֹא צָרִיךְ טוֹבוֹת
לֹא צָרִיךְ אַף אֶחָד
לֹא צָרִיךְ כְּלוּם
לֹא צָרִיךְ אַכְזָבוֹת.

הַבְּרֹגֶז מֻגְזָם, אֲנִי יוֹדֵעַ
אֲפִלּוּ אֶת עַצְמִי אֲנִי לֹא מְשַׁכְנֵעַ,
כֵּן, אֲבָל אֲנִי צָרִיךְ, גַּם צָרִיךְ
כֻּלָּם צְרִיכִים...

וּכְשֶׁאֲנִי חוֹשֵׁב עַל כָּךְ מִדֵּי פַּעַם
אֲנִי יָכוֹל לִרְאוֹת -
אֲנִי מַסְפִּיק אָהוּב, מַסְפִּיק חָשׁוּב
מַסְפִּיק גָּדוֹל, מַסְפִּיק יָכוֹל.

וְהַשָּׁמַיִם הֵם הַגְּבוּל
וּבַשָּׁמַיִם אֵין גְּבוּל.

אֲנִי רוֹצֶה לִהְיוֹת מֻשְׁלָם
אֲנִי לֹא.
אֲנִי רוֹצֶה עוֹלָם מֻשְׁלָם
הוּא לֹא.

אֲבָל אֲנִי שָׁלֵם
הָעוֹלָם שָׁלֵם
וַאֲנִי עוֹלָם וּמְלוֹאוֹ.

פוליאנה בדיכאון

אֲנִי עוֹשָׂה כִּמְעַט הַכֹּל "נָכוֹן":
חוֹשֶׁבֶת חִיּוּבִי
מְחַיֶּכֶת לָעוֹלָם
עוֹזֶרֶת לְכֻלָּם
עוֹמֶדֶת בְּאֶתְגָּרִים
הוֹדֶפֶת כַּדּוּרִים.

וְאָז
לְפֶתַע
בּוּם!!!
כּוֹאֵב בְּטֵרוּף
קָשֶׁה לַהֲדֹף
אֵין חִיּוּךְ, אֵין מוֹצָא
אֵין תִּקְוָה, אֵין רָצוֹן
דִּכָּאוֹן.

וְאָז

יֵשׁ קְצָת עֶזְרָה מִבַּחוּץ וְעוֹד
וְיֵשׁ קְצָת עֶזְרָה מִבִּפְנִים וְעוֹד
מְרִימָה אֶת הָרֹאשׁ
וּמַתְחִילָה לַעֲלוֹת
וְעוֹד וְעוֹד
לְאַט-לְאַט
בְּהַדְרָגָה
וְהִנֵּה, שׁוּב מַתְחִילָה
מִסְּבִיבִי לִרְאוֹת
וְלַעֲזֹר.
כֵּן, יֵשׁ אֲנָשִׁים מִסָּבִיב עִם צָרוֹת
אָז קְצָת לְחַיֵּךְ
קֹדֶם לִילָדִים
וְאַחַר כָּךְ גַּם קְצָת לַאֲחֵרִים,
וְאָז לְחַיֵּךְ - לָעוֹלָם לְעִתִּים.

פסימיות אופטימית

רַע לְמַדַּי
הַחַיִּים קָשִׁים, מְעִיקִים
לְעִתִּים עַד בְּלִי דַּי.
הַהֹוֶה, לֹא פַּעַם, נִרְאֶה כֹּה שָׁחֹר
הֶעָבָר, בְּמַבָּט לְאָחוֹר,
גַּם הוּא עִם כְּתָמֵי שָׁחֹר וָאֵפֹר
וְהֶעָתִיד
לֹא נִרְאֶה מַשֶּׁהוּ שֶׁשָּׁוֶה לִבְחֹר.
הַחִיּוּבִי מִתְכַּוֵּץ וְנֶעֱלָם
וְהַשְּׁלִילִי תּוֹפֵחַ
נִרְאֶה כְּמִשְׁתַּלֵּט עַל הָעוֹלָם
בְּדִידוּת, חֹסֶר מַשְׁמָעוּת
פִּגּוּעִים, פְּשָׁעִים
עֹנִי וַעֲזוּבָה
וְזִהוּם הַסְּבִיבָה
אָז
אוֹ שֶׁ:
נוֹדֶה שֶׁהַנִּסָּיוֹן כָּשַׁל
נַעֲצֹר אֶת כַּדּוּר הָאָרֶץ
וַחֲסַל
אוֹ שֶׁ:
בְּלֵית בְּרֵרָה
נֵאָלֵץ לְוַתֵּר עַל פֶּסִימִיּוּת
וְנִתְפַּשֵּׁר עַל אוֹפְּטִימִיּוּת.

הִתְקַבְּלָה הַחְלָטָה מַשְׁמָעוּתִית
בִּקְרִיאָה רִאשׁוֹנָה וּשְׁלִישִׁית:
אֲנִי אֲנַסֶּה, לַמְרוֹת שֶׁזֶּה קָשֶׁה,
לָקַחַת כָּל הִתְנַסּוּת מְעִיקָה
כְּאֶתְגָּר, כְּהַרְפַּתְקָה.

הַפֵּסִימִיּוּת בַּמַּהוּת שֶׁבְּתוֹכִי
הוֹפֶכֶת
לְאוֹפְּטִימִיּוּת בְּעַל כָּרְחִי.

76

פשוט?

זֶה לֹא כָּזֶה פָּשׁוּט
זֶה רַק נִרְאֶה לְךָ
קַל לְדַבֵּר
מָה אַתָּה מֵבִין.

אֲנִי מֵבִין
זֶה לֹא שֶׁפָּשׁוּט
אֲבָל
פָּשׁוּט נַעֲשֶׂה אֶת זֶה
וְנַעֲשֶׂה אֶת זֶה פָּשׁוּט.

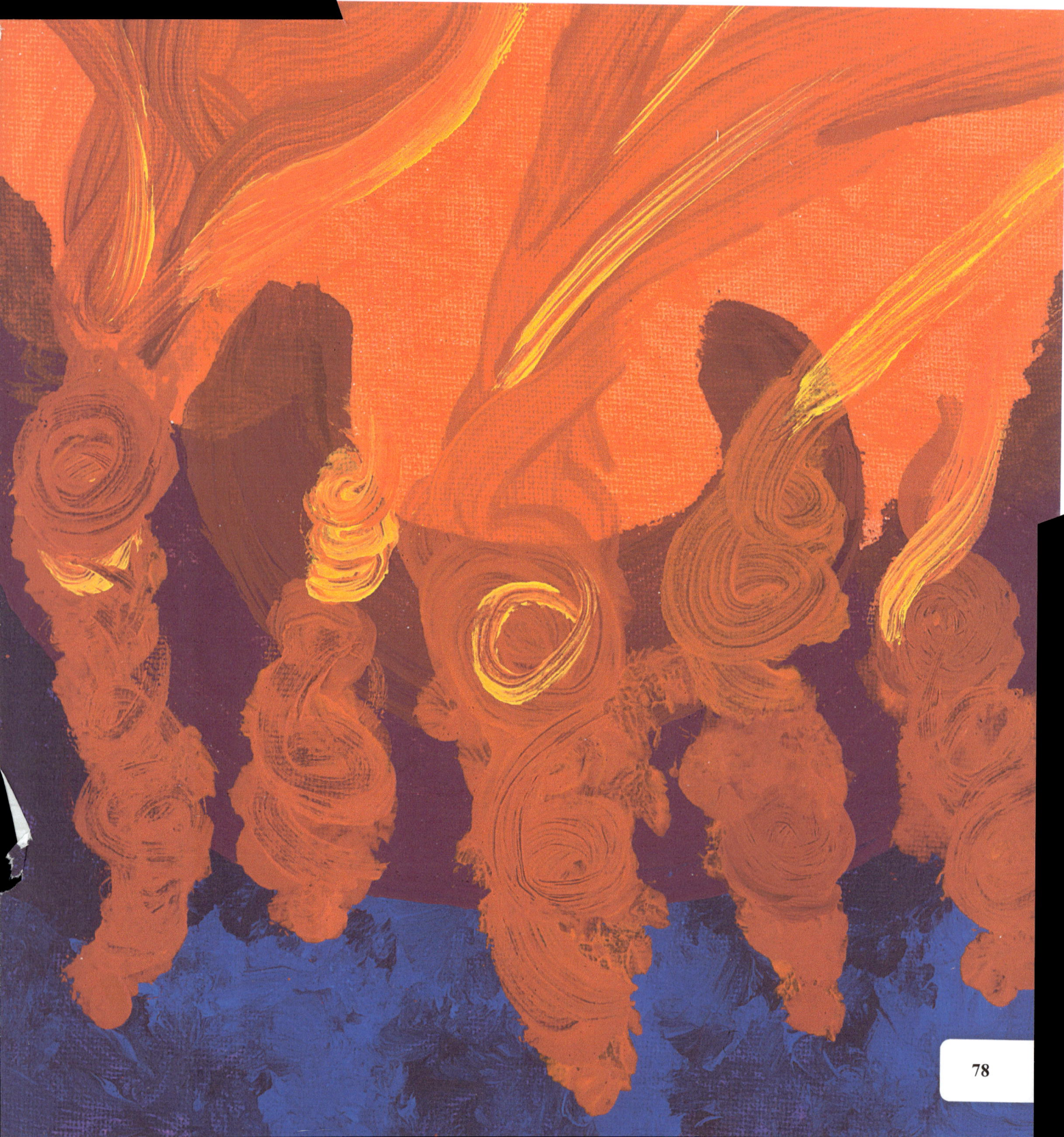

קלחת רותחת

כֵּן, עָלֶיךָ אֲנִי כּוֹעֶסֶת
מְאוֹד!!!
מִתְפּוֹצֶצֶת
אֲבָל שְׁקוּלָה, מְבִינָה, מְנֻמֶּסֶת
לֹא אַחַת שֶׁהוֹרֶסֶת
בּוֹחֶרֶת מִלִּים
לֹא לִשְׁבֹּר אֶת הַכֵּלִים
לֹא לִפְגֹּעַ, לֹא לְהַעֲלִיב
עַל הַיְּחָסִים לֹא לְהָעִיב
לְהַעֲבִיר נָכוֹן אֶת הַמֶּסֶר.

הַכֹּל נָכוֹן מִדַּי,
וְאֶצְלִי בַּקַּלַּחַת
מִתַּחַת לַמִּכְסֶה הַסָּגוּר
מִתְבַּשֵּׁל עֹדֶף וְגַם חֹסֶר צָבוּר.

עֹדֶף כַּעַס, חֹסֶר צֶדֶק
עֹדֶף סְפִיגָה וְהִתְכַּוְּצוּת
חֹסֶר דְּרִישָׁה וְנוֹכְחוּת.

לְעִתִּים מִכְסֶה סָגוּר רָאוּי
אַךְ לְעִתִּים רָצוּי
לִפְתֹּחַ אֶת מִכְסֵה הַקַּלַּחַת
וְעִם כָּל הַכַּעַס לִהְיוֹת נוֹכַחַת.

קרצייה

פַּעַם הוֹפִיעָה אֶצְלִי בַּבַּיִת חֲרָדָה.
הִיא פָּחֲדָה פַּחַד מָוֶת מֵהַכֹּל:
מִלָּמוּת, מִלַּחֲלוֹת, מִלְּהִכָּשֵׁל, מִלַּעֲלוֹת (בְּמַעֲלִיּוֹת)
מִלַּעֲשׂוֹת בּוּשׁוֹת, מִלִּכְאֹב, מִלְּהַשְׁמִין, מִלְּאַכְזֵב,
מִטִּפּוּלֵי שִׁנַּיִם, מִלֹּא לִרְחֹץ יָדַיִם,
מִלְּשַׁחְרֵר, מִלְּדַבֵּר
מָה לֹא;

פָּשׁוּט הוֹפִיעָה - כְּלָל לֹא הִזְמַנְתִּי
אָמְרָה שֶׁתָּמִיד גָּרָה אֶצְלִי וְשֶׁאֲנִי הִתְעַלַּמְתִּי
נִדְבְּקָה אֵלַי כְּמוֹ קַרְצִיָּה
וְשִׁנְּתָה לִי אֶת הַחַיִּים
לְרָעָה.

נִסִּיתִי לְגָרֵשׁ אוֹתָהּ בַּעֲדִינוּת
וּבְפָחוֹת עֲדִינוּת
לְלֹא הַצְלָחָה,
רַק נִהְיְתָה יוֹתֵר וְיוֹתֵר קַרְצִיָּה
גַּם יוֹתֵר גְּדוֹלָה
מַמָּשׁ עֲנָקִית
בְּקשִׁי יָכֹלְתִּי לִנְשֹׁם בִּגְלָלָהּ
הַחַיִּים נִהְיוּ גֵּיהִנֹּם
הָיָה לֹא נָעִים, אֲפִלּוּ מַלְחִיץ וּמַתִּישׁ
מְתַסְכֵּל, מְיָאֵשׁ וּמֵבִישׁ.
כֵּן, הַבּוּשָׁה -
אֵיךְ אֲנִי נוֹתֵן לְקַרְצִיָּה לְנַהֵל לִי אֶת הַחַיִּים?

מָה עוֹשִׂים?
הֶסְכֵּם, מַמָּשׁ חוֹזֶה:
צַד א' (הַקַּרְצִיָּה) טוֹעֵן
שֶׁזְּכוּתוֹ לָגוּר בַּבַּיִת
צַד ב' (אֲנִי) בְּלֵית בְּרֵרָה מַסְכִּים
(מָה לַעֲשׂוֹת, הוּא צוֹדֵק)
אֲבָל הֶסְכֵּם עַל הַצְּדָדִים
שֶׁהַקַּרְצִיָּה תָּגוּר רַק בְּחֶדֶר אֶחָד
בִּמְגֵרָה אַחַת,
הֲרֵי בְּעֶצֶם הִיא קְטַנָּה,
תּוֹפִיעַ מִדֵּי פַּעַם
בְּלִי לְהָבִיךְ וְגַם תַּעֲזֹר כְּשֶׁצָּרִיךְ.

מֵאָז
הַחַיִּים דֵּי בְּסֵדֶר, כִּמְעַט בְּלִי בְּעָיוֹת
אֶפְשָׁר לִנְשֹׁם, גַּם נְשִׁימוֹת עֲמֻקּוֹת רְגוּעוֹת,
וְלִפְעָמִים אֲפִלּוּ נֶחְמָד לְמַדַּי
שֶׁקַּרְצִיָּה חֲרֵדָה קְטַנָּה שׁוֹמֶרֶת עָלַי.

פחות או יותר כלב

אֲנִי כֶּלֶב טוֹב יוֹתֵר מִכֻּלָּם?
אֲנִי כֶּלֶב פָּחוֹת טוֹב מִכֻּלָּם?

הַחֶבְרָה מְצַפָּה,
הַהוֹרִים דּוֹרְשִׁים:
תִּהְיֶה הֲכִי חָכָם, הֲכִי מָהִיר,
הֲכִי מַצְלִיחַ,
הֲכִי זָרִיז בִּלְהָבִיא אֶת הַכַּדּוּר,
וְאַל תְּלַכְלֵךְ!

וַאֲנִי
רַק כֶּלֶב
עִם כַּוָּנוֹת טוֹבוֹת...

פָּחוֹת אוֹ יוֹתֵר בְּסֵדֶר,
לִפְעָמִים מַמָּשׁ בְּסֵדֶר
וְלִפְעָמִים-לִפְעָמִים מַמָּשׁ-מַמָּשׁ בְּסֵדֶר-בְּסֵדֶר.
נָכוֹן,
לִפְעָמִים עוֹד יֵשׁ מָקוֹם לְשִׁפּוּר
וְלִפְעָמִים-לִפְעָמִים יֵשׁ מָקוֹם-מָקוֹם לְשִׁפּוּר-שִׁפּוּר!

בְּסַךְ הַכֹּל
אֲנִי פָּחוֹת אוֹ יוֹתֵר כֶּלֶב
אוֹפְּטִימִי.

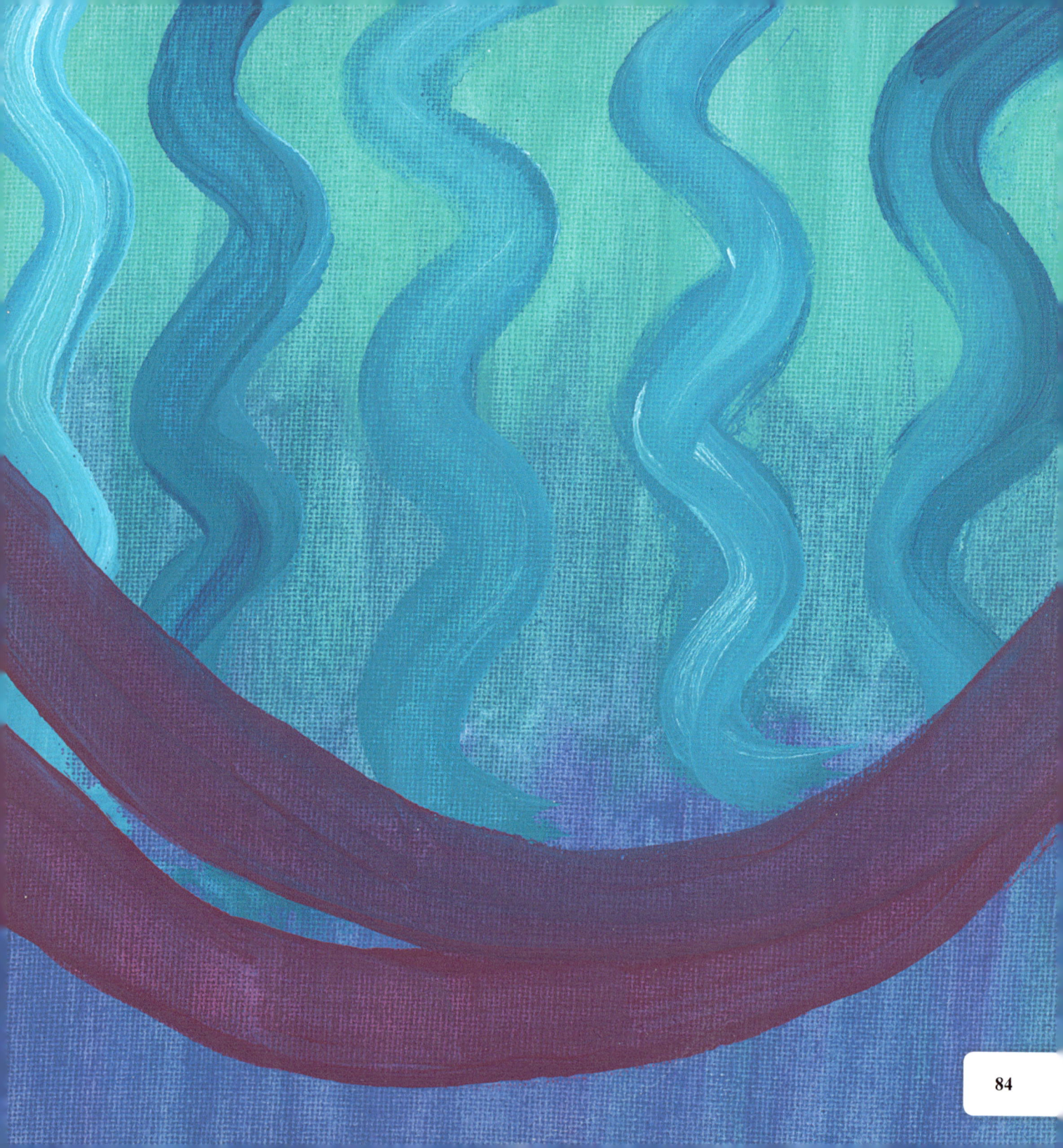

רחמנות על הלב

הַלֵּב נִשְׁבָּר
הַלֵּב נֶחְמָץ
הַלֵּב מִתְאַבֵּן
הַלֵּב נִסְדָּק
הַלֵּב כּוֹאֵב
הַלֵּב נִנְעָל
הַלֵּב מִתְרַסֵּק.

הֵי, אֵין לָכֶם לֵב?
אֵיפֹה הַלֵּב שֶׁלָּכֶם?
קְצָת רַחְמָנוּת
לְאַט-לְאַט.

תְּנוּ לוֹ, לַלֵּב,
לְהִסָּגֵר לְהִפָּתַח בַּקֶּצֶב שֶׁלּוֹ
לְהִתְכַּוֵּץ לְהִתְרַחֵב בַּקֶּצֶב שֶׁלּוֹ
לְהִתְרוֹקֵן לְהִתְמַלֵּא בַּקֶּצֶב שֶׁלּוֹ.
אֲהָהּ.
עַכְשָׁו טוֹב עַל הַלֵּב.